CORONIS,

PASTORALE

HEROÏQUE.

Repreſentée par l'Academie Royalle
de Muſique.

Le vingt-troiſiéme Mars 1691.

A PARIS,

Par Christophe Ballard, ſeul Imprimeur
du Roy pour la Muſique, ruë Saint Jean
de Beauvais, au Mont-Parnaſſe.
ET SE VEND
A la Porte de L'Academie Royalle de Muſique, ruë Saint Honoré.

M. DC. XCI.

ACTEURS
DU PROLOGUE.

CLIO.
THALIE.
EVTERPE.
Les autres Muses.
Troupe de Bergers & de Bergeres.
Troupe de Laboureurs.
Troupe de Vignerons.

CORONIS,
PASTORALE
HEROÏQUE,

PROLOGVE.

Le Theatre represente le Mont-Parnasse.

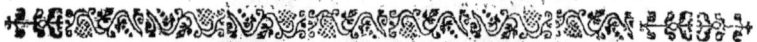

SCENE PREMIERE.

CLIO, THALIE, EUTERPE, les autres
Muses.

THALIE, EUTERPE.

Abitans fortunez dans ces Climats heu-
reux,
    Venez prendre part à nos Jeux.

PROLOGUE.

CLIO.

Toute la Terre tremble, & le Dieu des allarmes
Signalle sa fureur dans les champs Ennemis;
L'affreuse cruauté des armes
Chaque jour les inonde & de sang & de larmes :
C'est à vous seuls qu'il est permis
De gouter de la Paix les adorables charmes.

THALIE, EUTERPE.

Habitans fortunez, de ces Climats heureux
Venez prendre part à nos Jeux.

SCENE SECONDE.

Les Muses, Troupe de Bergers & de Bergeres,
Troupe de Laboureurs & de Vignerons.

CLIO.

TOut rit dans ce sejour tranquile,
La Paix l'a choisi pour asile,
Elle vous fait d'heureux destins.

UN VIGNERON.

Nos costeaux sont chargez de raisins.

UNE BERGERE.

Nos prez brillent de fleurs.

UN LABOUREUR.

La moisson est fertile.

PROLOGUE.

Tous.

Quel defefpoir pour nos jaloux voifins !

UN BERGER.

Malgré la Guerre & fes cruels ravages,
Un calme heureux comble icy nos defirs,
Ce beau fejour ne craint point les orages,
Et nous viendrons fous ces charmans ombrages
Chanter encor l'amour & fes plaifirs.

UNE BERGERE.

Si noftre cœur penche vers la tendreffe,
Ne cherchons point d'inutile détour,
Les doux plaifirs font faits pour la jeuneffe,
Et la jeuneffe eft faite pour l'amour.

CLIO.

Lorfque la Renommée en cent Climats publie
La gloire & les vertus du Roy de Theffalie
    Devons-nous n'ocuper nos voix
Qu'a vanter de l'Amour l'Empire & les Conqueftes?
    Chantons Adméte & fes Exploix,
Que ce Heros foit l'objet de nos feftes.

Chœur.

    Chantons Adméte & fes Exploix,
Que ce Hero foit l'objet de nos feftes.

CLIO & deux Bergers.

Suivez
Suivons } *ces glorieux projets*

Qu'un fi beau zéle { *vous* / *nous* } *infpire,*

PROLOGUE.

Adméte cherit ses sujets
Et leur amour est tout ce qu'il desire.

Chantez ⎱ *tant de vertus,* ⎰ Chantez, ⎱ *que les échos*
Chantons ⎰ ⎱ Chantons, ⎰
Retentissent du nom de ce fameux Heros.

Chœur.

Chantons tant de vertus, chantons, que les échos
Retentissent du nom de ce fameux Heros.

UN BERGER.

Il ne respire de la gloire,
Par tout où ses Guerriers ont porté ses Drapeaux
On a veû voler la Victoire :
Ah ! que ses glorieux travaux
Rempliront bien l'Histoire.

UN BERGER.

L'impuissante valeur de cent Peuples jaloux
Arme en vain contre luy les deux bouts de la terre,
Il a fait éclater son foudroyant Tonnerre,
On les a déja veus accablez sous ses coups
Assouvir de leur sang le Démon de la Guerre.

UN BERGER.

Il est de l'Univers la terreur & l'amour,
Mars dans ses desseins le seconde,
Le Pirate effrayé ne paroist plus sur l'Onde,
Et les Peuples voisins des Barrieres du jour
Viennent l'admirer dans sa Cour.

PROLOGUE.
UN BERGER.

Unique deffenseur des Droits du Diadême,
Il protege des Roys la Majesté suprême
  Contre d'horribles attentats:
Le Ciel l'excite à prendre une juste querelle,
Et permet aux Tyrans d'usurper des Estats,
Pour le combler encor d'une gloire plus belle
  Par la chûte de ces ingrats.

DEUX BERGERS

 Aucun mortel ne peut atteindre
Au degré des vertus dont il est animé.

UN BERGER.

Dans la Guerre il est à craindre.

UN BERGER.

Dans la Paix il est aimé.

DEUX BERGERS,

Dans la Guerre il est à craindre.

Tous trois.

Dans la Paix il est aimé.

CLIO ET UN BERGER.

Que la gloire à l'aimer sans cesse $\left\{ \begin{array}{l} vous \\ nous \end{array} \right\}$ *inspire,*
 Heureux qui vit sous son Empire!

Chœur.

Que la gloire à l'aimer sans cesse nous inspire,
 Heureux qui vit sous son Empire!

FIN DU PROLOGUE.

ACTEURS
DE LA PIECE.

APPOLLON, *sous le nom de Tircis,
Pasteur des Troupeaux d'Adméte
Roy de Thessalie.*

CORONIS, *Nymphe du Pinde,
Amante de Daphnis.*

DAPHNIS, *fils du Fleuve Pénée, Amant de
Coronis.*

APIDAMIE, *fille du Fleuve Apidamie, Amante
de Daphnis.*

CEPHISE, *confidente de Coronis.*

CORAX, *confident d'Appollon.*

TROUPE *de Faunes & de Dryades.*

LES HEURES & LES ARTS.

TROUPE *de Bergers, de Bergeres & de Pastres.*

CORONIS,
PASTORALE
HEROIQUE.

ACTE PREMIER.
SCENE PREMIERE.

Le Theatre represente une Campagne arrosée par
le Fleuve Penée, & bordée d'agreables colines
couvertes de Boccages de Lauriers.

APPOLLON, CORAX.

CORAX.

Appollon vient icy chercher la solitude,
    Qui cause son inquietude
Quand Flore & les Zephirs ramenent
    les beaux jours ?

B

Joüiſſons des douceurs de la ſaiſon nouvelle;
L'Hyver avoit chaſſé les jeux & les amours,
　　L'aimable Printemps les rappelle.

APPOLLON.

　　Le retour du Printemps
　　N'a rien qui m'enchante,
Je revoy ſans plaiſir la verdure naiſſante
　Embellir ces Bois & ces Champs,
Et je languis icy quand tout le monde chante
　　Le retour du Printemps.

CORAX.

　　D'où naît cette melancolie?
Depuis que Jupiter vous a banny des Cieux,
Je vous ay vû braver l'injuſtice des Dieux,
　　Et vivre heureux en Theſſalie:
Le triſte ſouvenir du ſort de Phaëton,
Peut-il encor troubler le grand cœur d'Appollon?

APPOLLON.

La perte de mon fils, & cét Arreſt ſevere,
　　Ont peu de part à mes chagrins nouveaux;
Sous l'habit d'un Berger j'erre dans ces Hameaux;
　　J'ay pour Adméte une eſtime ſincere,
J'ay pris avec plaiſir le ſoin de ſes Troupeaux;
Je goûtois cent douceurs dans ce charmant azile,
Mais le cruel Amour ne peut me voir tranquile.

CORAX.

Daphné n'est plus qu'un Arbre, aimeriez vous toûjours
Ce reste infortuné de vos tendres amours ?

APPOLLON.

Je cheris sa memoire,
   J'ay pleuré son malheur ;
Mais une autre beauté triomphe de mon cœur,
Et je n'ose avoüer mes fers, ny sa victoire.

CORAX.

Parlez, un Dieu doit-il contraindre ses desirs ?

APPOLLON.

Ah ! ce n'est pas le Dieu qui doit paroître tendre,
   C'est le Berger qui pousse des soûpirs.

CORAX.

Les plus fieres beautez trouvent mille plaisirs
   A les entendre.

APPOLLON.

Helas ! j'adore Coronis,
Et cette Nymphe aime Daphnis.

CORAX.

Le frere de Daphné, le fils du vieux Penée
   Doit-il vous allarmer ?

APPOLLON.

Il aime , il sçait se faire aimer ,
Et l'on doit celebrer bien-tost leur hymenée.

Cependant le Destin semble flatter mes vœux ,
Coronis est jalouse , & croit qu'Apidamie
  Inspire à Daphnis d'autres feux ;
Dans cette erreur par moy-mesme asservie ,
 Sa vanité luy fait fuïr son Amant ,
 Et mépriser son changement.

CORAX.

 Le moment est favorable ,
 Profitez de son dépit ;
 Elle croit Daphnis coupable ,
 Et ce mouvement suffit
 Pour le rendre moins aimable ;
 Profitez de son dépit ,
 Le moment est favorable.

Mais Daphnis vient à nous.

SCENE DEUXIEME.

APPOLLON, DAPHNIS, CORAX.

DAPHNIS.

Tircis, puis-je sçavoir
Qui vous fait chercher ces Rivages?

APPOLLON.

J'en aime la fraîcheur, & je me plais à voir
Et ces Plaines & ces Boccages.

DAPHNIS.

Mais pourquoy suivez-vous Coronis chaque jour?

APPOLLON.

Mes yeux la trouvent belle,
J'aime à luy faire la Cour,
Et peut-estre n'est-ce qu'elle
Qui m'arreste en ce sejour.

DAPHNIS.

Nous nous aimons, elle est fidelle,
Cessez de toubler mon amour.

APOLLON.

Si vous estes aimé vous n'avez rien à craindre,
Dissipez ce trouble fatal.

CORONIS,
DAPHNIS.

Mon cœur est genereux, & me force à vous plaindre.

APPOLLON.

Je ne plaindrois guere un Rival.

DAPHNIS.

Il est mille beautez dignes de vostre flame
Qui peuvent vous offrir des plaisirs infinis.

APPOLLON.

Je veux vous faire part du secret de mon ame,
Je n'ay rien vû de beau que Coronis.

DAPHNIS.

Je vous entens, l'amour pour elle vous inspire.

APPOLLON.

Jugez-en, je la vois, helas! & je soûpire

SCENE TROISIE'ME.

APPOLLON, CORONIS, DAPHNIS,
CEPHISE, CORAX, Troupe de Faunes
& de Dryades.

CHOEUR DE FAUNES.

A Imons-nous éternellement.

CHŒUR DE DRYADES.

Souffrons tous qu'amour nous bleſſe.

CORONIS.

Pour trouver l'amour charmant
Un cœur doit changer ſans ceſſe,
Ne regardons la tendreſſe
Que comme un amuſement,
Un trop long engagement
Eſt moins amour que foibleſſe.

CHŒUR DE FAUNES.

Aimons-nous éternellement.

CHŒUR DE DRYADES.

Souffrons tous qu'amour nous bleſſe.

UN FAUNE ET UNE DRYADE.

Dans ce ſejour
Sombre & tranquille,
Dans ce ſejour
Suivons l'amour.
Ce lieu charmant nous offre un doux aſile;
Profitons des momens d'un ſi beau jour.

CHŒUR.

Dans ce ſejour
Sombre & tranquille,
Dans ce ſejour
Suivons l'amour

CORONIS,

UN FAUNE ET UNE DRYADE.

Donnons nos cœurs
A la tendresse,
Donnons nos cœurs
A ses ardeurs.
L'employ le plus charmant de la jeunesse
Est de goûter l'amour & ses douceurs.

CHOEUR.

Donnons nos cœurs
A la tendresse,
Donnons nos cœurs
A ses ardeurs.

CORONIS.

Il n'est point de cœur si rebelle
Qui n'ait eû des tendres desirs.
Nous devons à l'amour un tribut de soûpirs,
C'est une pente naturelle.
Mais lequel en aimant goûte plus de plaisirs,
Ou le constant, ou l'infidelle?

Bergers, vous connoissez l'un & l'autre bonheur;
Celuy qui peindra mieux les caprices du cœur,
Aura pour prix une houlette,
Et ma guirlande, & ma musette.

DAPHNIS.

Rien ne paroît si doux qu'une naissante ardeur:
L'inquietude

L'inquietude, la langueur,
Flattent mesme un Amant sincere :
Mais tout céde au plaisir de changer chaque jour,
Et plus d'une beauté nous marque en ce sejour
Que l'inconstance est necessaire
Aux charmes de l'Amour.

APPOLLON.

Un Amant asservy sous les loix d'une ingratte
Dont chaque jour la haine éclatte
Peut étouffer sans crime une ardeur qui déplaist :
Mais quand l'intelligence est sincere & parfaite
Un cœur qui peut trahir un si cher interest,
Est indigne qu'on le regrete.

DAPHNIS.

Changeons sans cesse.

APPOLLON.

Aimons toûjours.

Ensemble.

Qu'un mesme objet sçache toûjours nous plaire,
Un mesme objet cesse aisément de plaire,
Un cœur sincere
Goûte enfin d'heureux jours.
Goûte-t'il d'heureux jours.

C

DAPHNIS.

Changeons sans cesse.

APPOLLON.

Aimons toûjours.

CORONIS.

Sur l'amour & la constance
Daphnis dit mieux ce qu'il pense,
Tircis est plus galant, je luy donne le prix.

APPOLLON.

Belle Nymphe !

DAPHNIS en s'en allant.

Ah ! perfide !

SCENE QUATRIESME.

APPOLLON, CORONIS, CEPHISE,
CORAX, Troupe de Faunes
& de Dryades.

CORONIS.

Acceptez ma Guirlande ;
Souvenez-vous de Coronis,
C'est tout ce qu'elle vous demande.

APPOLLON.

Des charmes les plus doux
Le Ciel vous a pourveuë,
Tous les cœurs semblent faits pour n'adorer que vous,
Je suis tendre, & je vous ay veuë.

Je triomphe aux yeux de Daphnis,
O Ciel, quelle gloire est plus grande !

CORONIS.

Souvenez-vous de Coronis,
C'est tout ce qu'elle vous demande.

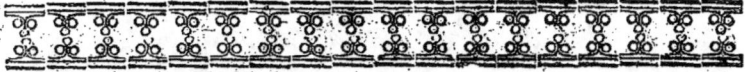

SCENE CINQUIESME.

CORONIS, CEPHISE.

CORONIS.

HE' bien Cephife, eſt-il encor dans mes liens?
  Peux-tu douter de ſa nouvelle flame?
O Feſte d'Appollon! O Jeux Pythoniens!
  Que vous coûtez cher à mon ame!

CEPHISE.

Je n'oſe plus douter qu'il ne ſoit inconſtant,
Mais le jour de nos Jeux il eût toute la gloire,
La Nymphe luy donna le fruit de ſa victoire,
  N'en auriez-vous pas fait autant?

CORONIS.

  Apidamie en m'inſultant,
Luy délivra le prix ordonné pour la Feſte;
Il ne fut point ingrat, Cephiſe, & dés l'inſtant,
  Ce vainqueur deveint ſa conqueſte;
Il vit mon deſeſpoîr, & malgré ma langueur
Il l'a ſuivoit par tout, moins des yeux que du cœur.

CEPHISE.

Si voſtre Amant a pris une chaiſne nouvelle,
  Triomphez de ſa trahiſon,

Servez-vous contre un infidelle
Du dépit & de la raison.

CORONIS.

La raison n'a guere d'Empire
Sur un cœur que l'Amour inspire,
Vainement le dépit luy preste ses transports ;
Ils ne font qu'irriter l'ardeur qui nous enflame,
Et nous portons au fond de l'ame
Un poison qui détruit aisément leurs efforts.

Je devrois le haïr, l'inconstant, le parjure,
Ma fierté m'en prescrit la Loy ;
Mais contre ce dessein ma tendresse murmure,
Et mon cœur est toûjours esclave de sa foy.

CEPHISE.

Doit-on se piquer de constance
Pour un ingrat qui peut changer ?
Ne montrez de perseverance
Que dans l'ardeur de vous vanger.

CORONIS.

Tircis me parle, je l'écoute,
Je voudrois que Daphnis crût qu'il est mon vainqueur ;
Je feins de mépriser la perte de son cœur ;
Mais que cette feinte me coûte !

CORONIS.

Du moins si ce volage Amant
Soupiroit pour une inflexible,
Sa peine adouciroit l'excés de mon tourment :
Mais ma Rivalle, helas ! le trouve trop charmant,
Et n'est pour luy que trop sensible.

Viens ma chere Cephise en ces sombres desers,
Viens m'aider à cacher la honte de mes fers.

FIN DU PREMIER ACTE.

ACTE SECOND

SCENE PREMIERE.

Le Theatre represente les delicieuses Vallées de Tempé, couvertes d'arbres ornez de festons, & dont l'ombre entretient la fraîcheur des gazons & des fleurs, qu'arrosent plusieurs fontaines.

DAPHNIS.

Rbres épais, sombres Boccages,
 Qui fûtes autrefois témoins de mon bonheur,
Je viens cacher sous vos ombrages,
 Mon desespoir, ma honte & ma douleur,
L'ingrate que j'adore a trahy ma tendresse,
Elle fait triompher mon Rival à mes yeux,
Et mon cœur contre-moy pour elle s'interresse
 Malgré ce mépris odieux.

CORONIS,

Je ne puis briser une chaîne
Qui fait le malheur de mes jours,
En vain j'appelle à mon secours
La raison, le dépit, la haine,
Mon cœur ne me parle toûjours
Que des charmes de l'inhumaine.

SCENE DEUXIE'ME.

DAPHNIS, CORAX.

CORAX.

TU devrois songer
A te dégager
D'un triste esclavage;
Gueris-toy, Berger,
Ta Nymphe est volage,
Et tu dois changer.

DAPHNIS.

Je sçay quel party je dois prendre
Sans le secours de vos conseils.

CORAX.

La reponse, Daphnis, a lieu de me surprendre.

DAPHNIS.

On doit se défier toûjours de vos pareils.

CORAX.

CORAX.

Non, vous connoiſſez mal mon zele,
J'aime Tircis depuis long-temps ;
Mais Coronis eſt infidelle,
Elle brule pour luy s'il meurt d'amour pour elle,
Et je voudrois vous voir contents.

DAPHNIS.

D'une ardeur ſi pure & ſi tendre
Les feux ne devoient point finir,
Nos cœurs eſtoient contents, pourquoy les des-unir?
Helas ! eſt-ce le prix que je devois attendre
D'une ardeur ſi pure & ſi tendre ?

Amour, haſte-toy de punir
L'infidelle beauté qui ne veut plus m'entendre,
Dans l'éternelle nuit je ſuis preſt à deſcendre,
Et je n'emporteray que l'affreux ſouvenir
D'une ardeur ſi pure & ſi tendre.

CORAX.

Ton cœur ne doit point s'arreſter
A cherir les attraits d'une beauté legere,
Et c'eſt chercher à luy plaire
Que de vouloir l'imiter.

La fille du Fleuve Apidame
Dans ces foreſts chaque jour ſuit tes pas,

D

Elle est jeune, elle a mille appas,
Tu regnes dans son ame,
Pourquoy ne l'aimerois-tu pas ?

Elle paroît, je te laisse avec elle.

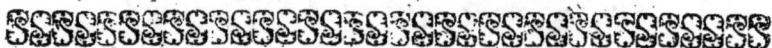

SCENE TROISIE'ME.

APIDAMIE, DAPHNIS.

DAPHNIS.

AH Ciel ! fuyons.

APIDAMIE.

Arreste, ingrat.
Peux-tu voir sans pitié le déplorable estat
Où me reduit une langueur mortelle ?

DAPHNIS.

Je ne veux plus aimer
Non, je vais étouffer une flame cruelle,
Je vais oublier l'infidelle
Qui m'avoit sceu charmer ;
Je ne veux plus aimer.

APIDAMIE.

Pour une Nymphe ingrate
Dont l'inconstance éclate,
Dois-tu mépriser tous les cœurs ?

DAPHNIS.

Oüy, l'amour est pour moy le comble des horreurs.

APIDAMIE.

Ta haine contre-moy sera-t'elle invincible?
Aimons-nous, qui peut t'allarmer?

DAPHNIS.

Je ne veux plus aimer.

Je croyois Coronis pour tout autre inflexible,
Et cependant l'ingrate a sceu se dégager.

APIDAMIE.

Les soins d'un fidelle Berger
Peuvent toucher une insensible
Mais pretendre fixer les vœux d'un cœur leger,
C'est aspirer à l'impossible.

Je puis adoucir si tu veux
Le malheur de tes feux,
Je t'offre un cœur fidelle & tendre,
Toy seul as sceu l'enflamer.

DAPHNIS.

Garde ton cœur, je n'y veux rien pretendre,
Je ne veux plus aimer.

APIDAMIE.

Tu fuis; au moins daignes m'entendre.

D ij

DAPHNIS.

Je ne veux plus aimer.

SCENE QVATRIE'ME.

APIDAMIE.

O Ciel! puis-je furvivre à ce cruel outrage?
Amour, funefte amour! fors de mon trifte cœur,
Que le defefpoir & la rage
Me vangent des mépris d'un indigne vainqueur.

Sans Coronis peut-eftre il eût efté fenfible
A la fidelle ardeur dont je brûlois pour luy:
Ah! vangeons-nous, s'il eft poffible,
De la fiere beauté qui caufe mon ennuy.

Elle paroît, ma rage augmente,
Portons à fon amour les plus funeftes coups,
Et, s'il fe peut, qu'elle reffente
L'horreur de mes tranfports jaloux.

SCENE CINQVIEME.

APIDAMIE, CORONIS.

APIDAMIE.

VEnez-vous regreter dans ce sombre boccage
La perte d'un Amant volage
Qe je vous ravis malgré moy?
Il vient de me quitter, je n'ay pû me deffendre
D'estre sensible aux marques de sa foy;
Ah! qu'il m'a paru tendre!
Et quand on craint de s'engager
Qu'il est dangereux d'entendre
Les yeux & les soupirs d'un aimable Berger!

CORONIS.

Vous vous applaudissez d'une foible Victoire,
Les vœux d'un inconstant vous semblent-ils si doux?
Peut-estre un autre aura bien-tost la gloire
De luy faire oublier qu'il a brûlé pour vous.

APIDAMIE.

Il jure qu'il m'adore;
Tout vous céde en ces lieux le prix de la beauté,
Il vous quitte pour moy, que dois-je craindre encore
De sa fidelité?

CORONIS,

CORONIS.

On ne rend pas toûjours juſtice
Aux plus rares objets que le Ciel a formez,
De differens deſirs les cœurs ſont animez,
Et l'amour eſt ſouvent un effet du caprice.

APIDAMIE.

Adieu, j'ay trop long-temps differé mon retour,
        Daphnis m'attend dans le prochain boccage,
Je vais ſçavoir de luy ſi l'ardeur qui l'engage
Eſt l'effet d'un caprice, ou d'un ſincere amour.

SCENE SIXIESME.

CORONIS.

PArts ſuperbe Rivale, évite ma preſence,
   Des ſoupirs d'un ingrat faits ta felicité,
Je laiſſe à l'inconſtant le ſoin de ma vangeance,
Bien-toſt ſon changement punira ta fierté.

Fontaines qui coulez dans ce ſejour ſauvage,
        Où mon infidelle Berger
        Força mon cœur à s'engager
        Dans un triſte eſclavage.
Vous ne me verrez plus ſur vos funeſtes bords,
Me plaindre de l'ingrat qui trahit ma tendreſſe,

Je succombe, & je vais oublier chez les morts
L'excés de mes mal'heurs, son crime & ma foiblesse.

Mais j'aperçois Tircis ; feignons. Aimables fleurs
Que je vous aime !
Heureux les cœurs
Dont vous estes l'objet de la tendresse extrême !
Aimables fleurs
Que je vous aime !

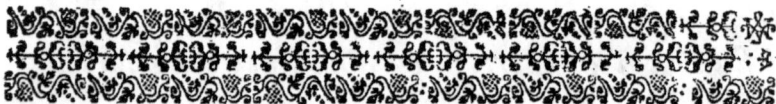

SCENE SEPTIESME.

APPOLLON, CORONIS.

APPOLLON.

VOus quittez nos Hameaux, vous fuyez nos
Concers
Pour rêver seule en cét asile,
Ah ! belle Nymphe, un cœur tranquile
Cherche moins le silence & la paix des desers.

CORONIS.

Je cheris ce séjour paisible,
Mon cœur avec plaisir s'y vient entretenir,
S'il n'est pas encore insensible
Il fait tout pour le devenir.

CORONIS.

APPOLLON.

Non, belle Coronis, que l'amour vous enflame,
Mais faites un glorieux choix,
Daphnis est un ingrat qui renonce à vos loix,
Et je viens vous offrir l'empire de mon ame.

CORONIS.

Quel aveu! juste Ciel.

APPOLLON.

Il n'en faut point rougir,
Le transport qui me fait agir
En servant mon amour augmente vostre gloire;
Plus on voit de Captifs, plus le spectacle est beau,
Je vous apprens une victoire,
Et c'est vous preparer un triomphe nouveau.

CORONIS.

Tircis, un étranger a-t'il l'ame assez fiere
Pour m'oser découvrir une indiscrette ardeur?

APPOLLON.

D'un Amant tel que moy connoissez la splendeur
Je suis le Dieu de la lumiere.

Pour vous prouver ce que je suis,
Charmante Coronis, voyez ce que je puis.

Que ces Deserts s'évanoüissent,
Que les Arts en leur place eslevent un Palais.

Que

Que les Heures se réjoüissent,
De voir briller icy, ma Nymphe, & ses attraits.

Les Boccages disparoissent, & les Arts construi-
sent un Palais brillant de lumiere.

SCENE HVITIESME.

APPOLLON, CORONIS, les Arts &
les Heures.

APPOLLON.

VOus avez en ces lieux un empire suprême,
Regnez dans ce charmant sejour.

Vous, Heures, à l'envy venez faire la cour
Au cher objet de ma tendresse extréme,
Admirez ses appas, & vantez mon amour.
C'est servir Appollon luy-mesme
Que d'obeïr à ce qu'il aime.

Chœur.

C'est servir Appollon luy-mesme
Que d'obeïr à ce qu'il aime.

Deux des Heures.

L'amour vous offre un sort charmant
Dans ces agreables demeures,
N'en perdez pas un seul moment,
Il n'est point de plus douces Heures
Que celles qu'on passe en aimant.

E

CORONIS.
Un des Arts.

Ne croyez pas estre invincible,
L'Amour sçait quand il veut assujettir un cœur ;
Il a sceu vous rendre sensible,
Il sçaura bien encor vous donner un vainqueur.

Chœur des Heures.

Vous devez vous vanger d'un Amant infidelle,
Les vœux d'un Dieu vous sont offers,
L'amour consent qu'on prenne une chaîne nouvelle,
Mais il ne peut souffrir que l'on brise ses fers.

Grand Chœur.

Vous devez vous vanger d'un Amant infidelle,
Les vœux d'un Dieu vous sont offers,
L'amour consent qu'on prenne une chaîne nouvelle,
Mais il ne peut souffrir que l'on brise ses fers.

APPOLLON.

Rendez-vous à mes vœux, couronnez ma tendresse,
Belle Coronis, aimons-nous.

CORONIS.

En faveur de Daphnis ma Mere s'interesse,
Et l'a choisi pour estre mon Espoux.

APPOLLON.

Si j'obtiens son aveu me verrez-vous sans peine
Possesseur d'un bien si charmant ?

CORONIS.

Je connois mon devoir, agissez en Amant,
Mon cœur ne rendra point vostre poursuite vaine.

FIN DU SECOND ACTE.

ACTE III.

SCENE PREMIERE.

Le Theatre represente des Hameaux,
& dans l'enfoncement le Palais
de Coronis du costé des Jardins.

APPOLLON.

H! que l'amour a de charmes!
Heureux un cœur qui sent ses traits!
L'Hymen va finir mes allarmes,
Et me faire un sort plein d'attraits!
Ah! que l'amour a de charmes!
Heureux un cœur qui sent ses traits!

Je renonce sans peine à la grandeur suprême,
Toute autre douceur doit ceder
A la douceur extrême
De posseder
Ce que l'on aime.

SCENE DEVXIE'ME.

APPOLLON, CORAX.

APPOLLON.

A H ! ſçais-tu mon bonheur ? que mon deſtin eſt
　　　doux !
Dans ce jour fortuné tu vas me voir l'Eſpoux
De la jeune beauté pour qui mon cœur ſoupire ;
　　　Sa mere l'accorde à mes vœux ;
　　　Ah ! ſi la meſme ardeur l'inſpire
　　　Que je vais eſtre heureux !

CORAX.

　　　Tâchez d'oublier l'inhumaine,
　　　Adreſſez ailleurs vos deſirs,
Plus ſon hymen vous fait eſperer de plaiſirs,
Et plus ſa trahiſon vous cauſera de peine.

APPOLLON.

Que me dis-tu, Corax ? acheve.

CORAX.

　　　　　　　Coronis
　　A repris ſa premiere chaîne,
　　　Ny ſon dépit , ny ſa haine
Rien n'a pû reſiſter à l'amour de Daphnis :

L'espoir d'un sort brillant, vostre ardeur, tout luy céde,
  Dans ces valons à Venus consacrez
Je viens d'estre témoin du plaisir qui succéde
  Au chagrin dont leurs cœurs ont esté penetrez.

APPOLLON.

Ingratte!.....elle m'avoit promis d'estre fidelle.
Est-ce là le bonheur que vous me preparez ?
            Cruelle !
      Ah ! perfides, vous perirez,
J'en atteste du Styx les Ondes effroyables :
      Vous me deseperez ;
Mais les Dieux offencez, punissent les coupables.
Courons à la vengeance, & dans ce jour fatal
      Immolons Maistresse & Rival.

SCENE TROISIE'ME.

CORAX.

AH ! que l'amour est à craindre !
Heureux qui sçait garder son cœur !
Qu'on doit redouter une ardeur
Que la raison ne peut éteindre !
Ah ! que l'amour est à craindre !

Mais je voy ces Amans transportez de plaisirs
Dont un Dieu va bien-tost se faire un sacrifice ;

L'amour semble souvent répondre à nos desirs,
　　Et nous conduit au precipice.

Cachons-nous, & voyons leurs transports amoureux.

SCENE QVATRIE'ME.

CORONIS, DAPHNIS, CEPHISE, CORAX.

CORONIS & DAPHNIS.

JOüissons d'un bonheur qui jamais ne finisse,
　Bannissons-les chagrins & les soupçons fâcheux.

CORONIS.

Que l'aimable Hymen nous unisse.

DAPHNIS.

Que l'amour redouble nos feux.

De quels biens ma peine est suivie!
Ce jour va combler tous mes vœux.

CORONIS.

Ah! que j'aimeray la vie
Si je puis vous rendre heureux!

ENSEMBLE.

Que l'aimable Hymen nous unisse,
Que l'amour redouble nos feux,
Bannissons les chagrins & les soupçons fâcheux,
Joüissons d'un bonheur qui jamais ne finisse.

DAPHNIS.

Laissez vos Troupeaux dans nos champs,
Bergers, venez mesler vos dances & vos chants
Aux innocens transports d'une flame si belle ;
Accourez, accourez, contentez nos desirs,
Suivez l'amour qui vous appelle,
Venez partager nos plaisirs.

CORONIS.

Aimables Bergeres
Quittez les fougeres,
Venez dans ces beaux lieux ;
Suivez l'amour, sentez ses flames,
Il brille dans vos yeux,
Laissez-le regner dans vos ames.

SCENE CINQVIE'ME.

CORONIS, DAPHNIS, CEPHISE,
CORAX, Troupe de Bergers, de Bergeres
& de Pastres.

CEPHISE & un Berger.

Qve les plaisirs
Vous suivent sans cesse,
Que les plaisirs
Redoublent vos desirs;
Goutez les fruits de la tendresse,
L'amour vous fait d'heureux loisirs.

Chœur.

Que les plaisirs
Vous suivent sans cesse,
Que les plaisirs
Redoublent vos desirs.

CEPHISE & un Berger.

Cherissez le trait qui vous blesse,
Bannissez les tristes soupirs.

Chœur.

Que les plaisirs
Vous suivent sans cesse,
Que les plaisirs
Redoublent vos desirs.

Une Bergere.

Une Bergere.

Tous les cœurs font faits pour la tendreſſe,
Cheriſſons cette aimable foibleſſe,
 Rien ne doit tant charmer
 Que le plaiſir d'aimer.

Un Berger.

Tendres cœurs dans ces belles retraites,
Joüiſſez de cent douceurs parfaites,
 L'amour n'offre à vos vœux
 Que les ris & les jeux.

CORONIS ET DAPHNIS.

Allons, qu'un paiſible Hymenée
Rende tous nos deſirs contens.

Chœur.

 O ! l'heureuſe journée
 Pour deux Amans conſtans !

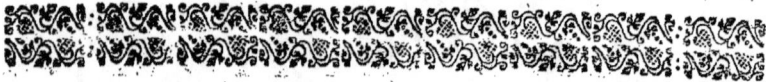

SCENE SIXIESME.

CORAX.

HElas ! je plains leur deſtinée,
Ils vont perir dans peu de temps.
Chœur.
 O ! l'heureuſe journée
 Pour deux Amans conſtans.

F

CORAX.

Déplorable Berger, Amante infortunée,
Voſtre bonheur durera peu d'inſtans.

Chœur.

Ah! quelle affreuſe rage!
Quel barbare courage!

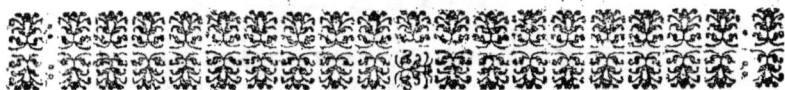

CORAX.

C'en eſt fait, Appollon vient de hâter leur mort,
O! déplorable ſort!

Chœur.

Ah! quelle affreuſe rage!
Quel barbare courage!

SCENE SEPTIE'ME.

APPOLLON, CORAX.

APPOLLON.

ENfin je ſuis vangé, mon bras
Vient de porter la mort dans le ſein des ingrats
Qui bravoient mon pouvoir & mépriſoient ma flame,
J'ay percé leurs perfides cœurs,

Je triomphe, Corax, de mes cruels malheurs,
Et pour jamais l'Amour est forty de mon ame.

SCENE HVITIE'ME.

APPOLLON, APIDAMIE, CORAX.

APPOLLON.

BElle Nymphe venez, j'ay puny mon Rival,
Vous ne vous plaindrez plus de son indifference,
Et ses Mânes errans sur le fleuve infernal,
    Doivent remplir vostre vangeance.

APIDAMIE.

    Barbare! oses-tu t'applaudir
      D'un attentat si detestable?
Ton Rival ne vit plus, mais tes coups font perir
      Une Nymphe adorable.

    Ma Rivalle avec mon Amant
      Descend au monument:
Ah! pourquoy, Dieu cruel, épargnes-tu ma vie?
Que n'ay-je succombé sous ton fatal transport!
Faut-il qu'à Coronis je porte encore envie
      Jusques dans son genre de mort.

Cheres Ombres,
Goûtez l'heureuse paix de vos demeures sombres.

Déplorable Daphnis
Vos beaux jours sont finis !

Le jour me fait horreur, je vais bien-tost vous suivre,
Je presse de ma mort le funebre appareil,
Que vous estes heureux de vivre
En des lieux où jamais on n'a vû le Soleil !

Cheres Ombres,
Goutez l'heureuse paix de vos demeures sombres.

SCENE NEVVIE'ME.

APPOLLON, CORAX.

CHOEUR.

Aimable Coronis
Vos beaux jours sont finis.

APPOLLON.

Quelle horreur me saisit ! quel desordre funeste !
Qu'ay-je fait, malheureux ! aimable Coronis
Vos beaux jours sont finis !
Ah ! trait vengeur, je te deteste !

Que ne peux-tu percer mon déplorable cœur!
Mais le Deſtin s'oppoſe à la mort que j'appelle,
Et ma douleur
Comme moy doit eſtre éternelle.

Que toute la Nature
Déplore mon malheur nouveau,
Et que la nuit la plus obſcure
Aux yeux de l'Univers dérobe mon flambeau.

Une épaiſſe obſcurité ſe répend ſur le Theatre.

Et toy perfide autheur des peines que j'endure
Reçois le prix de ton zéle indiſcret,
Sous une hydeuſe figure
Vas gemir loin de moy d'un éternel regret,
Sois par tout d'un funeſte augure,
Fuis, malheureux.

Corax transformé en Corbeau s'envole, & diſparoît.

Helas! aimable Coronis
Vos beaux jours ſont finis.

F I N.

www.ingramcontent.com/pod-product-compliance
Lightning Source LLC
LaVergne TN
LVHW022211080426
835511LV00008B/1703